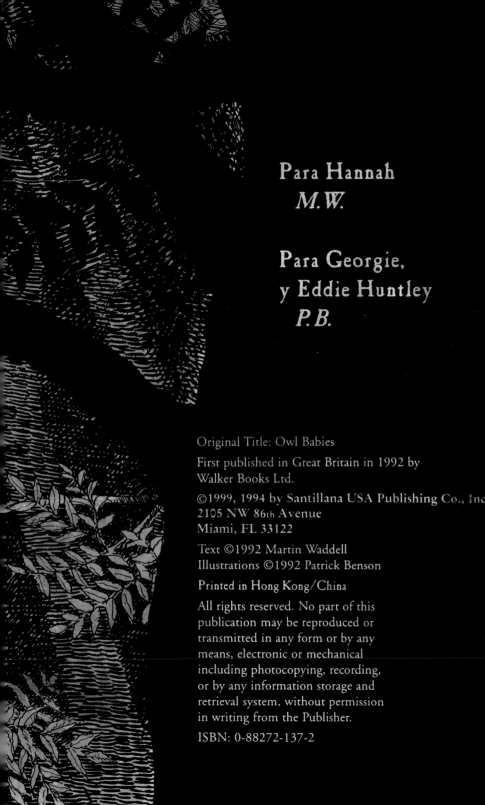

Para Hannah
M.W.

Para Georgie,
y Eddie Huntley
P.B.

Original Title: Owl Babies

First published in Great Britain in 1992 by
Walker Books Ltd.

©1999, 1994 by Santillana USA Publishing Co., Inc
2105 NW 86th Avenue
Miami, FL 33122

Text ©1992 Martin Waddell
Illustrations ©1992 Patrick Benson

Printed in Hong Kong/China

ISBN: 0-88272-137-2

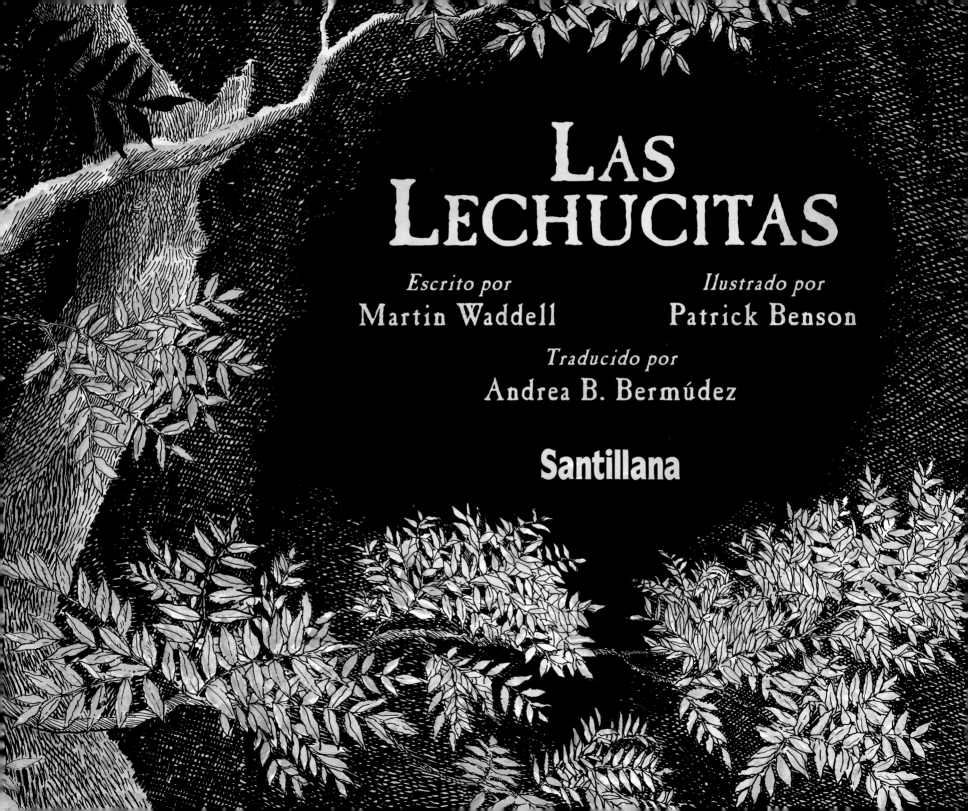

LAS LECHUCITAS

Escrito por
Martin Waddell

Ilustrado por
Patrick Benson

Traducido por
Andrea B. Bermúdez

Santillana

Había una vez tres lechucitas:
Sara, Perci y Guille.

Vivían en un hoyo

en el tronco de un árbol

con la mamá lechuza.

El hoyo estaba lleno de ramas y

hojas y plumas de lechuza.

Ésta era su casa.

Una noche cuando se despertaron, vieron
que la mamá lechuza había DESAPARECIDO.

—¿Dónde está mami?—preguntó Sara.

—¡Ay, Dios mío!—exclamó Perci.

—¡Quiero ver a mi mami!—dijo Guille.

Las lechucitas se pusieron a *pensar*

(se sabe que las lechuzas piensan mucho):

—Creo que fue de caza—dijo Sara.

—¡Para traernos comida!—exclamó Perci.

—¡Quiero ver a mi mami!—repitió Guille.

Pero la mamá lechuza no regresaba.
Las lechucitas salieron de
su casa y se sentaron
en el árbol a esperar.

Una rama grande para Sara,

una chiquita para Perci,

y un viejo pedacito de yedra para Guille.

—Ella va a regresar—dijo Sara.

—¡Muy pronto!—añadió Perci.

—¡Quiero ver a mi mami!—repitió Guille.

El bosque oscureció y las lechucitas
tuvieron que ser valientes ya que
todo parecía moverse alrededor.

—Ella nos va a traer ratones y
cosas buenas—dijo Sara.

—¡Me imagino que sí!—añadió Perci.

—¡Quiero ver a mi mami!—repitió Guille.

Se sentaron a pensar

(se sabe que las lechuzas piensan mucho):

—Yo creo que todos debemos sentarnos

juntitos en mi rama—dijo Sara.

Y así lo hicieron.

—¿Qué pasa si se pierde?—dijo Sara.

—O si un zorro la ataca—añadió Perci.

—¡Quiero ver a mi mami—repitió Guille.

Y las lechucitas cerraron los ojos

y desearon que la mamá

lechuza regresara.

Y ÉSTA REGRESÓ.

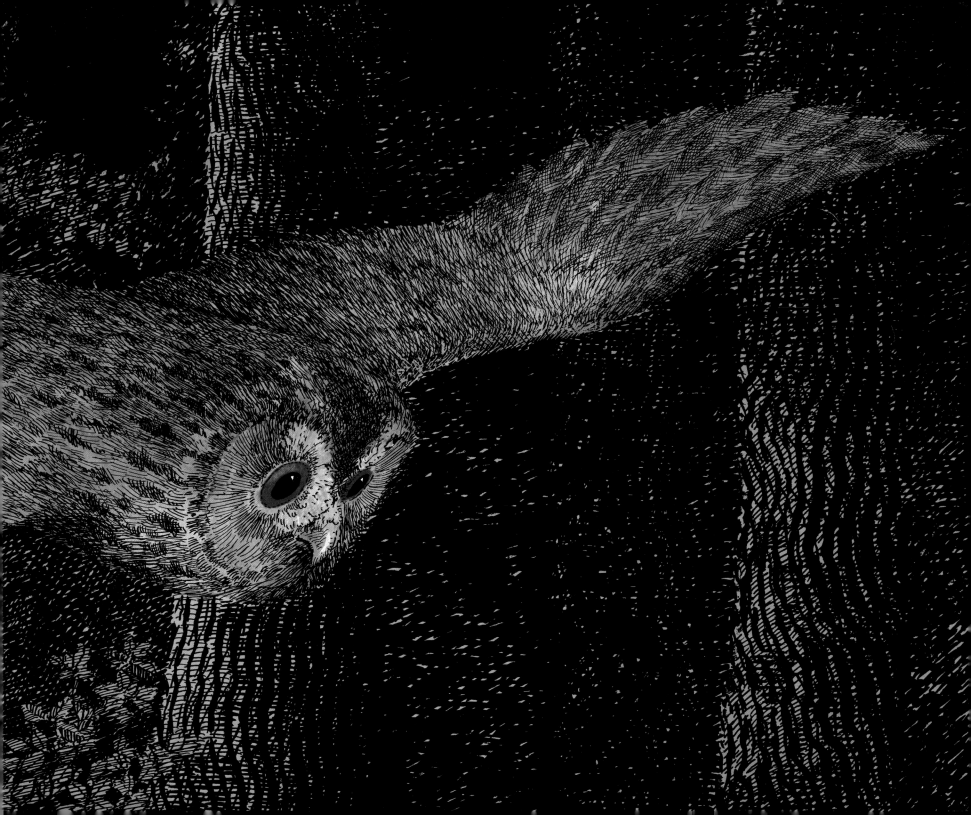

Calladita y delicada, la mamá lechuza
bajó por los árboles hasta llegar
a donde estaban Sara,
Perci y Guille.

—¡Mami!—exclamaron,

y comenzaron a batir sus alitas,

y bailaron y brincaron

muy felices en su rama.

—¿POR QUÉ TANTA BULLA?—
preguntó la mamá lechuza—Ustedes
sabían que yo iba a regresar.

Las lechucitas se pusieron a pensar
(se sabe que las lechuzas
piensan mucho):

—Yo lo sabía—dijo Sara.

—Y yo también—añadió Perci.

—¡Yo quiero mucho a mi mami!—dijo Guille